Blue Sky STUDIOS

Rio 2

UN FILM TWENTIETH CENTURY FOX

L'ALBUM DU FILM

Rédaction : Olivier Gay
Maquette : Armada Studio

Blue Sky Studios

Rio 2

UN FILM TWENTIETH CENTURY FOX

L'ALBUM DU FILM

hachette
JEUNESSE

C'est le réveillon du nouvel an à Rio. Les hommes s'amusent sur la plage, mais le ciel appartient aux oiseaux...
Blu danse avec sa femme Perla. Ils sont les deux derniers aras bleus au monde et, cette nuit, ils peuvent profiter de la vie :
Rafael le toucan garde leurs oisillons !

Les feux d'artifice emplissent le ciel !
Blu vient se poser sur la statue qui surplombe Rio.
– Eh bien, quel début d'année ! commente-t-il.

Blu et Perla sont maintenant bien installés et vivent dans un parc protégé. Trois adorables oisillons sont venus agrandir leur famille. Ils ont un garçon et deux filles, qui se prénomment respectivement Tiago, Bia et Carla.

Comme leur père, ils vivent en toute insouciance au milieu des humains et s'y sont parfaitement acclimatés ! Ils ont chacun une personnalité bien marquée : Tiago, le seul mâle, est le plus jeune des oisillons (de seulement trois minutes, certes !).
Il ne manque jamais une occasion de faire des bêtises !
Sa sœur Bia est la plus sage et la plus érudite.
Quant à Carla, c'est l'artiste de la famille. Blu et Perla sont fiers de leurs trois petits. Ils ne se doutent pas encore qu'une grande aventure s'apprête à commencer pour toute la famille !

Linda et Tulio sont quant à eux partis dans la forêt amazonienne. Ils poursuivent leur travail de sauvegarde des oiseaux. Alors qu'ils s'apprêtent à libérer un Tocro d'Amazonie qu'ils ont sauvé des braconniers six mois auparavant, leur canoë est entraîné dans des rapides : les voilà engloutis par la chute d'eau !

Heureusement, plus de peur que de mal. Au moment de se relever, le couple voit passer un oiseau qu'ils pensent l'un et l'autre reconnaître mais sans y croire vraiment...
Un instant plus tard, une plume vient confirmer ce qu'ils imaginaient : c'est un ara bleu !

Interrogés par la télévision, Tulio et Linda annoncent officiellement qu'il existe peut-être d'autres aras bleus dans la forêt amazonienne. Blu, Perla et leurs oisillons suivent le reportage, stupéfaits. Ils ne seraient donc plus les seuls ? Perla décide aussitôt de partir avec sa famille pour s'en assurer.

Mais Blu n'est pas très enthousiaste : en effet, il tient à son confort. Toutefois, il est prêt à tout pour que Perla soit heureuse. Tiago, quant à lui, est surexité :
– Super ! On va en Amazonie ! s'exclame-t-il. Euh, mais c'est quoi l'Amazonie ?

Blu s'impresse d'aller annoncer la nouvelle à ses amis Nico, Pedro, Rafael et Luiz. Nico et Pedro sont très occupés à faire passer des auditions pour leur prochain carnaval.
– L'Amazonie ? dit Nico, impressionné. C'est super sauvage ! Il y a des moustiques, des serpents géants, des piranhas...

En un instant, les amis décident de participer au voyage : c'est trop dangereux de laisser partir le pauvre Blu tout seul, lui qui ne connaît rien à la jungle. Ils pourront organiser leurs auditions dans la jungle après tout ! Seul Luiz restera à Rio : il ne peut malheureusement pas courir sur une si longue distance !

Blu, Perla et leurs enfants sont bientôt prêts à partir. Blu règle son GPS.

– Je rentre notre destination, explique-t-il à sa famille.

Il appuie sur le bouton et le GPS annonce :

Destination – A-ma-zonie

Perla n'est pas persuadée qu'ils aient besoin d'un GPS, mais elle se laisse convaincre face à l'enthousiasme de Blu. L'appareil les emmènera où ils voudront, lui assure-t-il.

Hector le cacatoès travaille maintenant sur un marché de Manaus, où il prédit l'avenir. Alors qu'il repense à nouveau à cet épisode malheureux au cours duquel ses belles plumes avaient été arrachées, il entend la voix de Blu dans le ciel : son pire ennemi est là, au-dessus de lui, avec sa famille ! Accompagné de Gabi, une grenouille rose venimeuse, et de Charlie, un fourmilier géant, Hector s'enfuit dans la forêt. L'heure de la vengeance a sonné...

Blu et Perla viennent en effet d'arriver à Manaus, après un long voyage. Leur objectif est de suivre l'Amazone pour s'enfoncer dans la jungle à la recherche d'autres aras bleus. Le groupe se pose pour la nuit sur le toit d'un vieux bateau. Blu et Perla profitent de cet instant pour admirer le coucher de soleil.

– Merci de m'accompagner, murmure Perla à Blu.

– Je ferais tout pour toi, répond-il.

Les deux aras bleus ne se doutent pas que leur pire ennemi est également sur le bateau.

En effet, Hector et Gabi sont cachés dans une caisse non loin de là. Ils attendent patiemment que la nuit tombe. Hector se glisse alors jusqu'à Blu dans le but de l'égorger. Il se penche sur lui...
– Tu as mauvaise haleine, grogne Blu dans son sommeil.

C'est alors qu'un grand cri interrompt le cacatoès. Charlie a léché une fourmi sur le pied d'une passagère, et tout le bateau s'affole. Hector doit fuir dans l'eau avec ses compagnons. Blu, quant à lui, ne s'est même pas réveillé...

À l'aube le lendemain, Blu, Perla et leurs enfants, accompagnés de Rafael, Pedro et Nico quittent le bateau pour s'envoler au cœur de la jungle.C'est vraiment le début de l'aventure ! Ils sont tous très excités à l'idée de partir à la rencontre d'autres aras bleus ! Hector, Gabi et Charlie, eux, sont toujours dans l'eau, accrochés à une bouée.

– Ils s'enfuient ! crie Hector en giflant le fourmilier. Réveille-toi, suis-le ! Charlie transforme sa langue en hélice, et le petit groupe fend l'eau à la suite des oiseaux.

Après quelques heures de vol, le GPS finit par annoncer : « Vous êtes arrivés ». Les oiseaux sont alors au-dessus d'une clairière vide... Blu se pose sur un arbre pour vérifier leur emplacement à l'aide de son fameux GPS.

Lorsqu'il lève le bec, il s'aperçoit que sa famille et ses amis ont disparu...
– Quelle bonne blague, murmure-t-il. Ohé, vous êtes où ?

Soudain, des serres acérées jaillissent des buissons et le capturent.

– Au secours ! crie Blu.

Il est traîné à travers les bois jusqu'à un groupe d'oiseaux inquiétants, couverts de boue. Tous ses compagnons sont déjà prisonniers. L'un des agresseurs va se laver dans une cascade et révèle son plumage coloré. En fait, ce sont tous des aras bleus. Blu et ses amis ont trouvé leur camp !

– Enfin, c'est plutôt eux qui nous ont trouvés, corrige Bia.

Qui êtes-vous ? rugit Eduardo, le chef de la tribu.
– Hé, du calme, proteste Perla.
Les deux oiseaux écarquillent les yeux, s'observent et finissent par se reconnaître : Eduardo est le père de Perla, qu'elle croyait perdu à jamais !
Émus aux larmes, ils se tombent dans les bras.
– Je t'ai cherchée partout, souffle Eduardo. Quand les humains sont venus...
– Papa ! pleure Perla, tu m'as tellement manqué !

Eduardo repousse Perla pour mieux la regarder.
– Tu es si belle... tu ressembles à ta mère...
Perla comprend la triste vérité : sa mère n'est plus en vie. Eduardo lui caresse la tête pour la consoler.
– Je suis désolé, souffle-t-il. La solitude a dû être terrible.
– Je n'étais pas seule, explique Perla. Blu m'a trouvée.
Celui-ci tend son aile, anxieux de faire bonne impression.
Eduardo avance et le serre dans ses bras.
– Tu m'as ramené ma fille... merci...

Bia, Tiago et Carla sautent sur leur grand-père, qu'ils rencontrent pour la première fois. Eduardo, qui semblait si dur un instant avant, semble déjà attendri par ses trois petits-enfants. Blu, quant à lui, est encore sous le coup de la surprise. Il n'est pas ravi de se retrouver sous l'aile de cet inconnu.

Le village entier se presse pour célébrer le retour de la fille du chef.
Des centaines d'oiseaux volent dans tous les sens.
Soudain, un chant interrompt la musique et un ara magnifique atterrit sur la piste. Il ne quitte pas Perla des yeux.
– Ravi de te revoir, sourit-il. Tu es ravissante !
– Toi aussi, répond Perla en rougissant.
C'est Roberto, l'ami d'enfance de Perla.
Ils gloussent en se rappelant des souvenirs.
Blu se sent ridicule devant le superbe oiseau.

C'est notre chanson !
s'exclame Roberto lorsqu'un
nouveau morceau résonne dans
la clairière. Blu, ça t'ennuie si je
t'emprunte Perla pour une danse ?
Oui, ça dérange beaucoup Blu.
Mais les deux sont déjà en train de
danser. Roberto est impressionnant.
Cette fête est formidable.
Tout le monde s'amuse beaucoup.
Seul Blu boude dans son coin.

Le lendemain, Carla a préparé des auditions pour le spectacle que Nico et Pedro ont décidé d'organiser : en effet, il y a tellement d'animaux dans cette jungle qu'ils vont pouvoir faire un véritable carnaval !

– Désolée, les gars, leur dit la jeune Carla, mais vous êtes un peu vieux. Vous avez besoin de moi et du flair de la jeunesse !

Les animaux sélectionnés pourront participer à la répétition générale le lendemain soir. La jungle entière se mobilise.

Hector, Charlie et Gabi ont suivi Blu jusqu'à la tribu des aras. Hector aperçoit l'audition et décide d'y participer sous le nom de Bob. Tout le monde se laisse entraîner par sa chanson disco : il termine sous un tonnerre d'applaudissements. Hector est ravi. Il réunit ses amis et leur expose son plan :

– Demain soir, j'attirerai l'attention des spectateurs et toi Gabi, tu viseras Blu dans le public avec une aiguille empoisonnée !

Quand Blu se réveille le lendemain matin, Perla est déjà en train de faire la course avec Tiago jusqu'à une cascade. Blu constate qu'elle est heureuse et qu'elle a rapidement retrouvé ses réflexes d'oiseau sauvage.

C'est alors qu'Eduardo entre dans sa chambre. Le chef de tribu veut faire découvrir la vie sauvage à son gendre.
– Écoute, lui dit-il. Tu dois protéger ma famille et tu es faible. Tu as besoin de connaître les bases de la survie dans la jungle.
Il l'oblige à se rouler dans la boue, à voler en arrière... Ce n'est pas du tout du goût de Blu. En rentrant au village, il se sent misérable. Il est fatigué et couvert de boue.

Pour Blu, tout est plus difficile et il ne parvient pas à s'acclimater à la jungle. Quant ils ne sont pas réveillés en sursaut par une énorme araignée qui vient leur gratter les plumes, les aras bleus doivent se lever tôt pour partir trouver – seuls – leur nourriture.
Ils sillonnent ainsi la jungle toute la journée. Il ignore si cette vie va lui convenir.

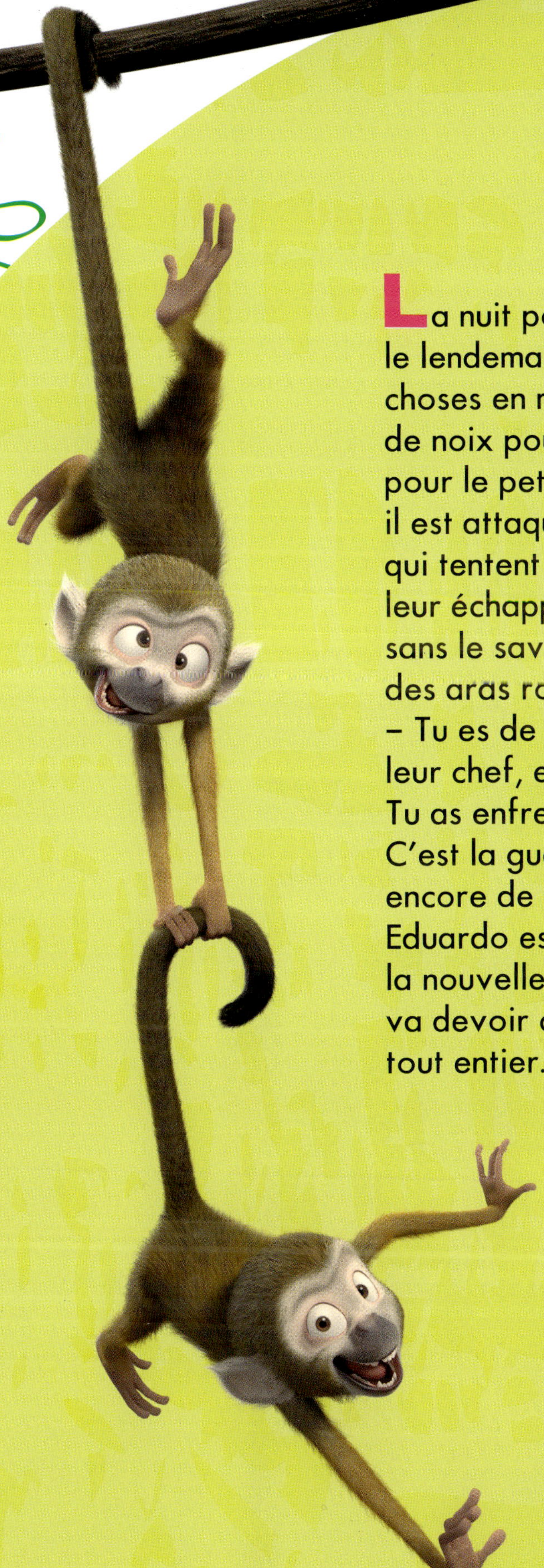

La nuit portant conseil, Blu décide le lendemain matin de prendre les choses en main. Il part à la recherche de noix pour faire une surprise à Perla pour le petit-déjeuner. Mais en chemin, il est attaqué par une bande de singes qui tentent de lui arracher son sac. Pour leur échapper, il traverse la rivière et sans le savoir, entre sur le territoire des aras rouges !

– Tu es de notre côté, déclare Felipe, leur chef, en arrivant avec ses amis. Tu as enfreint les règles.

C'est la guerre ! Qu'est-ce que Blu vient encore de faire sans le vouloir ? Eduardo est fou de rage en apprenant la nouvelle. À cause de Blu, sa tribu va devoir combattre pour le bosquet tout entier.

Les aras des deux camps se répartissent en équipe, et une noix est mise en jeu. Ce n'est pas une guerre, finalement... c'est du football !
Blu est tout excité. Cette fois, il se sent en confiance car il a regardé beaucoup de matches à la télévision : il devrait pouvoir reproduire ce qu'il a vu. Mais lorsqu'il rentre sur le terrain, il est ridicule et commet une grosse erreur. À cause de lui, le bosquet est perdu...

Le soir du spectacle, le plan d'Hector, Gabi et Charlie est au point : ils capturent Blu pour l'empoisonner avec le venin de Gabi ! Mais le ara bleu, suivant les conseils prodigués par son beau-père Eduardo, parvient à ronger ses liens avec son bec. Il se jette alors sur le cacatoès et les deux oiseaux commencent à se battre. Blu bouge tellement que Charlie ne parvient pas à tirer sur lui avec l'aiguille empoisonnée donnée par Gabi. Il finit par tirer, mais c'est Hector qui est touché. Le cacatoès s'effondre. Il échoue encore face à son pire ennemi !

– Tu me le paieras ! crie Hector, impuissant.

Alors que Hector, Charlie et Gabi ruminent leur défaite, les aras bleus rentrent tous au village pour célébrer le carnaval de la forêt amazonienne. C'est l'occasion pour tous de montrer leur talent de danseur.

– Ça valait vraiment le coup d'attendre ! conclut Pedro. Le carnaval est sauvé !
Blu ne peut s'empêcher de sourire.
Il a Perla, ses enfants et tous ses amis autour de lui. Ce soir-là, il le sait, il est vraiment heureux.